MENTAL RECALL TESTS

Year 4 (Ages 8-9)

David Bell

CONTENTS

Test number	Test heading
1 - 3	Addition of two single digits
4	Addition to 20
5 - 7	Subtraction, largest number 20
8 - 9	Mixed addition and subtraction, largest number 20
10 - 11	Reading and writing numbers to 999
12 - 13	Reading and writing numbers to 9999
14	Place value to 9999
15	Ordering numbers to 9999
16 - 17	Addition of strings of 3 and 4 numbers
18 - 20	Multiplication by 2, 3 and 4
21 - 23	Division by 2, 3, 4 and 5
24 - 26	Multiplication by 2, 3, 4, 5 and 10
27 - 30	Mixed examples
31	Use of brackets
32	Rounding to the nearest 10 and 100
33	Rounding to the nearest 1000
34 - 35	Patterns
36 - 37	Recognising fractions, largest denominator 4
38	Addition involving 8 and 9
39	Subtraction involving 8 and 9
40	Mixed addition and subtraction involving 8 and 9
41 - 42	Divisibility by 2, 5 and 10. Odd and even numbers
43	Mixed examples
44 - 45	Addition and subtraction with negative numbers

TEST 1 — Addition of two single digits

A

1. 9 + 2 =
2. 5 + 8 =
3. 6 + 6 =
4. 8 + 4 =
5. 5 + 3 =
6. 4 + 9 =
7. 3 + 8 =
8. 5 + 5 =
9. 6 + 7 =
10. 8 + 8 =
11. 5 + 7 =
12. 7 + 8 =
13. 9 + 9 =
14. 5 + 6 =
15. 4 + 7 =

B

1. 5 + 4 =
2. 7 + 7 =
3. 9 + 5 =
4. 8 + 6 =
5. 8 + 9 =
6. 6 + 4 =
7. 3 + 9 =
8. 2 + 8 =
9. 6 + 9 =
10. 8 + 5 =
11. 7 + 5 =
12. 9 + 7 =
13. 6 + 3 =
14. 9 + 8 =
15. 7 + 8 =

TEST 2 — Addition of two single digits

1. 4 + 4 =
2. 7 + 5 =
3. 9 + 6 =
4. 8 + 9 =
5. 8 + 3 =
6. 4 + 9 =
7. 5 + 4 =
8. 9 + 2 =
9. 8 + 7 =
10. 5 + 9 =
11. 6 + 6 =
12. 8 + 4 =
13. 8 + 8 =
14. 3 + 7 =
15. 6 + 9 =
16. 7 + 6 =
17. 4 + 7 =
18. 6 + 8 =
19. 5 + 6 =
20. 9 + 7 =
21. 8 + 5 =
22. 6 + 4 =
23. 9 + 9 =
24. 2 + 8 =
25. 9 + 3 =
26. 3 + 6 =
27. 9 + 8 =
28. 5 + 7 =
29. 8 + 6 =
30. 5 + 5 =

TEST 3 — Addition of two single digits

Find the missing numbers.

A

1. $5 + \square = 14$
2. $\square + 7 = 12$
3. $\square + 3 = 11$
4. $9 + \square = 15$
5. $\square + 7 = 13$
6. $2 + \square = 11$
7. $\square + 5 = 13$
8. $7 + \square = 15$
9. $6 + \square = 12$
10. $\square + 9 = 16$
11. $\square + 7 = 14$
12. $8 + \square = 17$
13. $\square + 5 = 10$
14. $9 + \square = 18$
15. $4 + \square = 13$

B

1. $7 + \square = 14$
2. $\square + 8 = 13$
3. $\square + 4 = 13$
4. $5 + \square = 12$
5. $6 + \square = 15$
6. $\square + 7 = 11$
7. $9 + \square = 16$
8. $\square + 6 = 14$
9. $8 + \square = 16$
10. $\square + 9 = 17$
11. $4 + \square = 12$
12. $\square + 5 = 14$
13. $3 + \square = 11$
14. $\square + 7 = 15$
15. $6 + \square = 13$

TEST 4

Addition to 20

1. 12 + 3 =
2. 8 + 11 =
3. 13 + 6 =
4. 2 + 10 =
5. 11 + 7 =
6. 14 + 6 =
7. 12 + 8 =
8. 5 + 12 =
9. 10 + 8 =
10. 9 + 7 =
11. 15 + 4 =
12. 6 + 12 =
13. 13 + 5 =
14. 5 + 14 =
15. 11 + 9 =
16. 7 + 13 =
17. 6 + 9 =
18. 11 + 6 =
19. 4 + 13 =
20. 12 + 7 =
21. 3 + 16 =
22. 14 + 4 =
23. 3 + 15 =
24. 8 + 8 =
25. 11 + 5 =
26. 9 + 10 =
27. 3 + 14 =
28. 5 + 9 =
29. 15 + 5 =
30. 4 + 16 =

TEST 5 — Subtraction, largest number 20

A

1. 13 – 4 =
2. 19 – 3 =
3. 20 – 9 =
4. 16 – 3 =
5. 18 – 9 =
6. 11 – 4 =
7. 16 – 9 =
8. 15 – 2 =
9. 18 – 6 =
10. 13 – 9 =
11. 11 – 4 =
12. 20 – 8 =
13. 11 – 3 =
14. 19 – 8 =
15. 15 – 7 =

B

1. 14 – 7 =
2. 12 – 4 =
3. 16 – 3 =
4. 13 – 7 =
5. 15 – 8 =
6. 12 – 5 =
7. 11 – 9 =
8. 18 – 7 =
9. 13 – 5 =
10. 15 – 6 =
11. 20 – 7 =
12. 12 – 6 =
13. 15 – 9 =
14. 20 – 4 =
15. 19 – 7 =

TEST 6

Subtraction, largest number 20

1. 19 – 5 =
2. 12 – 3 =
3. 15 – 9 =
4. 20 – 8 =
5. 15 – 6 =
6. 12 – 7 =
7. 11 – 9 =
8. 19 – 8 =
9. 14 – 6 =
10. 20 – 5 =
11. 15 – 3 =
12. 12 – 9 =
13. 14 – 5 =
14. 10 – 6 =
15. 18 – 9 =
16. 15 – 7 =
17. 17 – 5 =
18. 13 – 6 =
19. 18 – 3 =
20. 19 – 7 =
21. 16 – 5 =
22. 20 – 3 =
23. 13 – 9 =
24. 11 – 8 =
25. 16 – 8 =
26. 19 – 3 =
27. 17 – 8 =
28. 15 – 6 =
29. 14 – 8 =
30. 20 – 9 =

TEST 7 — Subtraction, largest number 20

Find the missing numbers.

A

1. $18 - \square = 12$
2. $\square - 8 = 7$
3. $14 - \square = 9$
4. $\square - 5 = 13$
5. $15 - \square = 6$
6. $\square - 4 = 11$
7. $17 - \square = 8$
8. $13 - \square = 5$
9. $\square - 6 = 14$
10. $\square - 3 = 12$
11. $12 - \square = 8$
12. $\square - 7 = 7$
13. $16 - \square = 9$
14. $\square - 9 = 11$
15. $11 - \square = 5$

B

1. $14 - \square = 7$
2. $\square - 9 = 9$
3. $11 - \square = 4$
4. $\square - 7 = 9$
5. $12 - \square = 5$
6. $\square - 8 = 6$
7. $13 - \square = 4$
8. $15 - \square = 9$
9. $\square - 6 = 14$
10. $\square - 3 = 9$
11. $13 - \square = 7$
12. $14 - \square = 9$
13. $\square - 5 = 8$
14. $17 - \square = 9$
15. $\square - 9 = 7$

TEST 8

Mixed addition and subtraction, largest number 20

A

1. $8 + 8 =$
2. $17 - 9 =$
3. $13 - 5 =$
4. $9 + 7 =$
5. $16 - 7 =$
6. $7 + 8 =$
7. $6 + 9 =$
8. $12 - 5 =$
9. $8 + 9 =$
10. $13 - 8 =$
11. $7 + 5 =$
12. $20 - 8 =$
13. $9 + 9 =$
14. $11 - 7 =$
15. $17 - 8 =$

B

1. $18 - 9 =$
2. $14 - 7 =$
3. $8 + 5 =$
4. $10 - 8 =$
5. $17 - 8 =$
6. $5 + 9 =$
7. $12 - 7 =$
8. $6 + 6 =$
9. $20 - 8 =$
10. $13 - 5 =$
11. $7 + 4 =$
12. $9 + 8 =$
13. $16 - 7 =$
14. $8 + 8 =$
15. $4 + 9 =$

TEST 9 — Mixed addition and subtraction, largest number 20

Find the missing numbers.

A

1. 8 + ☐ = 16
2. 11 − ☐ = 5
3. ☐ + 7 = 16
4. ☐ − 8 = 5
5. 9 + ☐ = 14
6. ☐ − 8 = 6
7. 18 − ☐ = 9
8. 8 + ☐ = 15
9. ☐ − 7 = 12
10. ☐ + 5 = 13
11. 17 − ☐ = 9
12. 6 + ☐ = 11
13. ☐ + 6 = 15
14. 13 − ☐ = 4
15. ☐ + 9 = 18

B

1. 15 − ☐ = 7
2. ☐ − 6 = 9
3. ☐ + 8 = 17
4. 4 + ☐ = 12
5. ☐ − 7 = 11
6. 7 + ☐ = 12
7. ☐ + 6 = 13
8. 18 − ☐ = 9
9. ☐ − 8 = 3
10. 8 + ☐ = 14
11. ☐ − 5 = 9
12. 13 − ☐ = 5
13. 8 + ☐ = 16
14. ☐ + 5 = 10
15. ☐ − 4 = 16

TEST 10 — Reading and writing numbers to 999

Write in figures.

1. Seventy-six
2. Six hundred and forty-eight
3. Nine hundred and thirty
4. Three hundred and eighty
5. Seven hundred and four
6. Five hundred and sixteen
7. One hundred and eleven
8. Eight hundred and nine

Write in words.

9. 720
10. 605
11. 411
12. 345
13. 354
14. 987
15. 548

TEST 11 — Reading and writing numbers to 999

Write in figures.

1. Ninety-four
2. Four hundred and forty
3. Six hundred and thirty-two
4. Eight hundred
5. Seven hundred and sixty
6. Three hundred and eleven
7. Five hundred and nineteen
8. Nine hundred and three

Write in words.

9. 420
10. 407
11. 711
12. 368
13. 593
14. 306
15. 888

TEST 12

Reading and writing numbers to 9999

Write in figures.

1. Seven thousand
2. Four thousand six hundred and twenty-three
3. Five thousand and eleven
4. Two thousand three hundred
5. Eight thousand and one
6. Seven thousand and forty
7. Nine thousand eight hundred and eighty-eight
8. Six thousand and six

Write in words.

9. 4000
10. 4120
11. 5013
12. 8003
13. 6405
14. 4050
15. 9100

TEST 13 — Reading and writing numbers to 9999

Write in figures.

1. Four thousand
2. Five thousand six hundred and eleven
3. Eight thousand and forty-three
4. Seven thousand nine hundred
5. One thousand and one
6. Two thousand and twenty
7. Eighty thousand six hundred and sixty-six
8. Three thousand and three

Write in words.

9. 5000
10. 6230
11. 7012
12. 4302
13. 9003
14. 7500
15. 8080

TEST 14 — Place value to 9999

What does the underlined figure stand for?
Write your answer, first in figures and then in words.

1 4<u>6</u>30
2 50<u>2</u>6
3 <u>6</u>416
4 501<u>7</u>
5 <u>4</u>15
6 6<u>2</u>8
7 47<u>2</u>
8 97<u>6</u>8

Build a number. Write your answer in figures only.

9   6 in the **thousands** place, 4 in the **hundreds** place, 5 in the **tens** place, 2 in the **units** place.

10 9 in the **thousands** place, 8 in the **units** place, 7 in the **hundreds** place and 6 in the **tens** place.

11 1 in the **units** place, 2 in the **hundreds** place, 3 in the **tens** place and 4 in the **thousands** place.

12 6 in the **hundreds** place, 2 in the **units** place, 5 in the **thousands** place and 9 in the **tens** place.

13 5 in the **tens** place, 6 in the **units** place, 2 in the **hundreds** place and 7 in the **thousands** place.

14 2 in the **thousands** place, 5 in the **tens** place, 9 in the **units** place and 0 in the **hundreds** place.

15 0 in the **units** place, 5 in the **thousands** place, 0 in the **tens** place and 2 in the **hundreds** place.

Ordering numbers to 9999

Copy and complete the question by writing < or > in place of ☐.
Remember, > means is greater than, < means is less than.

1. 67 ☐ 76
2. 709 ☐ 728
3. 9876 ☐ 8999
4. 6002 ☐ 5009
5. 7313 ☐ 8100

Write down the smallest number.

6. 312, 213, 321, 123
7. 406, 604, 460, 640
8. 5842, 4285, 2854, 2548
9. 9894, 4998, 4899, 4989
10. 4242, 2424, 4422, 2244

Write down each row of numbers in order. Start with the smallest number.

11. 5243, 3452, 2534, 2345
12. 6187, 6178, 7168, 1876
13. 9443, 4394, 3944, 3494
14. 1342, 464, 56, 2431
15. 687, 4378, 5234, 98

TEST 16 Addition of strings of 3 and 4 numbers

A

1. 2 + 3 + 8 =
2. 5 + 6 + 5 =
3. 4 + 2 + 6 =
4. 7 + 3 + 4 =
5. 8 + 6 + 2 =
6. 1 + 8 + 9 =
7. 5 + 7 + 5 =
8. 4 + 5 + 6 =
9. 7 + 7 + 7 =
10. 4 + 5 + 6 + 5 =
11. 7 + 8 + 2 + 3 =
12. 7 + 6 + 3 + 8 =
13. 5 + 4 + 8 + 2 =
14. 3 + 5 + 8 + 5 =
15. 9 + 9 + 9 + 9 =

B

1. 4 + 6 + 9 =
2. 8 + 4 + 2 =
3. 9 + 6 + 1 =
4. 2 + 4 + 8 =
5. 7 + 9 + 3 =
6. 5 + 8 + 5 =
7. 1 + 6 + 9 =
8. 7 + 8 + 2 =
9. 8 + 8 + 8 =
10. 6 + 7 + 4 + 3 =
11. 9 + 8 + 1 + 2 =
12. 3 + 5 + 7 + 8 =
13. 5 + 8 + 6 + 4 =
14. 6 + 7 + 8 + 3 =
15. 6 + 6 + 6 + 6 =

TEST 17

Addition of strings of 3 and 4 numbers

1. 6 + 4 + 8 =
2. 2 + 5 + 8 =
3. 5 + 9 + 5 =
4. 7 + 6 + 3 =
5. 9 + 8 + 1 =
6. 7 + 5 + 5 =
7. 4 + 4 + 6 =
8. 9 + 8 + 2 =
9. 3 + 7 + 8 =
10. 4 + 9 + 6 =
11. 4 + 8 + 7 =
12. 7 + 9 + 4 =
13. 3 + 9 + 8 =
14. 8 + 5 + 2 =
15. 7 + 7 + 7 =
16. 7 + 6 + 3 =
17. 6 + 6 + 6 =
18. 3 + 9 + 7 =
19. 8 + 2 + 8 =
20. 8 + 8 + 2 =
21. 5 + 8 + 5 + 1 =
22. 3 + 5 + 7 + 5 =
23. 6 + 8 + 4 + 2 =
24. 6 + 5 + 8 + 9 =
25. 7 + 2 + 9 + 3 =
26. 9 + 9 + 9 + 9 =
27. 6 + 8 + 3 + 1 =
28. 4 + 3 + 9 + 3 =
29. 2 + 9 + 4 + 4 =
30. 8 + 8 + 8 + 8 =

TEST 18 — Multiplication by 2, 3 and 4

A

1. 4 x 6 =
2. 3 x 8 =
3. 4 x 9 =
4. 2 x 8 =
5. 3 x 10 =
6. 3 x 9 =
7. 4 x 4 =
8. 2 x 9 =
9. 3 x 7 =
10. 4 x 5 =
11. 2 x 7 =
12. 4 x 10 =
13. 3 x 6 =
14. 4 x 8 =
15. 2 x 6 =

B

1. 4 x 7 =
2. 3 x 5 =
3. 2 x 10 =
4. 3 x 9 =
5. 4 x 8 =
6. 3 x 3 =
7. 2 x 9 =
8. 3 x 8 =
9. 4 x 9 =
10. 3 x 7 =
11. 3 x 4 =
12. 2 x 6 =
13. 4 x 10 =
14. 2 x 8 =
15. 4 x 4 =

TEST 19 — Multiplication by 2, 3 and 4

1. 4 x 4 =
2. 2 x 8 =
3. 4 x 7 =
4. 4 x 5 =
5. 2 x 7 =
6. 3 x 9 =
7. 2 x 10 =
8. 3 x 7 =
9. 2 x 5 =
10. 4 x 9 =
11. 4 x 6 =
12. 2 x 9 =
13. 3 x 8 =
14. 3 x 3 =
15. 4 x 8 =
16. 3 x 6 =
17. 2 x 9 =
18. 4 x 6 =
19. 3 x 8 =
20. 3 x 10 =
21. 2 x 6 =
22. 3 x 4 =
23. 4 x 8 =
24. 3 x 5 =
25. 4 x 10 =
26. 2 x 8 =
27. 4 x 7 =
28. 4 x 9 =
29. 3 x 7 =
30. 2 x 7 =

TEST 20 — Multiplication by 2, 3 and 4

Find the missing numbers.

A

1. 2 x ☐ = 14
2. 3 x ☐ = 21
3. 4 x ☐ = 36
4. ☐ x 7 = 28
5. ☐ x 8 = 16
6. 4 x ☐ = 40
7. ☐ x 5 = 15
8. ☐ x 8 = 32
9. 3 x ☐ = 24
10. ☐ x 6 = 12
11. 3 x ☐ = 30
12. ☐ x 8 = 24
13. 4 x ☐ = 24
14. 2 x ☐ = 18
15. 3 x ☐ = 18

B

1. 4 x ☐ = 32
2. ☐ x 3 = 9
3. ☐ x 8 = 32
4. ☐ x 9 = 18
5. 4 x ☐ = 24
6. ☐ x 9 = 36
7. ☐ x 5 = 10
8. 3 x ☐ = 21
9. ☐ x 10 = 20
10. 3 x ☐ = 27
11. ☐ x 7 = 14
12. ☐ x 8 = 24
13. 4 x ☐ = 28
14. 2 x ☐ = 16
15. 4 x ☐ = 16

TEST 21 — Division by 2, 3, 4 and 5

A

1. 16 ÷ 2 =
2. 30 ÷ 5 =
3. 16 ÷ 4 =
4. 45 ÷ 5 =
5. 28 ÷ 4 =
6. 25 ÷ 5 =
7. 27 ÷ 3 =
8. 24 ÷ 4 =
9. 21 ÷ 3 =
10. 36 ÷ 4 =
11. 18 ÷ 2 =
12. 40 ÷ 4 =
13. 35 ÷ 5 =
14. 12 ÷ 2 =
15. 12 ÷ 3 =

B

1. 40 ÷ 5 =
2. 15 ÷ 3 =
3. 20 ÷ 4 =
4. 14 ÷ 2 =
5. 32 ÷ 4 =
6. 30 ÷ 3 =
7. 45 ÷ 5 =
8. 36 ÷ 4 =
9. 18 ÷ 2 =
10. 18 ÷ 3 =
11. 35 ÷ 5 =
12. 32 ÷ 4 =
13. 16 ÷ 2 =
14. 30 ÷ 5 =
15. 24 ÷ 3 =

TEST 22 — Division by 2, 3, 4 and 5

1. $20 \div 2 =$
2. $24 \div 3 =$
3. $16 \div 4 =$
4. $15 \div 5 =$
5. $35 \div 5 =$
6. $18 \div 2 =$
7. $21 \div 3 =$
8. $36 \div 4 =$
9. $8 \div 2 =$
10. $15 \div 3 =$
11. $24 \div 4 =$
12. $50 \div 5 =$
13. $12 \div 2 =$
14. $20 \div 5 =$
15. $9 \div 3 =$
16. $25 \div 5 =$
17. $10 \div 2 =$
18. $18 \div 3 =$
19. $12 \div 3 =$
20. $28 \div 4 =$
21. $45 \div 5 =$
22. $16 \div 2 =$
23. $27 \div 3 =$
24. $20 \div 4 =$
25. $30 \div 5 =$
26. $14 \div 2 =$
27. $40 \div 5 =$
28. $30 \div 3 =$
29. $12 \div 4 =$
30. $32 \div 4 =$

TEST 23 — Division by 2, 3, 4 and 5

Find the missing numbers.

A

1. $25 \div \square = 5$
2. $12 \div \square = 3$
3. $\square \div 2 = 10$
4. $\square \div 3 = 4$
5. $18 \div \square = 6$
6. $\square \div 2 = 8$
7. $30 \div \square = 10$
8. $14 \div \square = 7$
9. $\square \div 5 = 8$
10. $20 \div \square = 5$
11. $\square \div 4 = 7$
12. $32 \div \square = 8$
13. $45 \div \square = 9$
14. $\square \div 5 = 6$
15. $\square \div 3 = 9$

B

1. $\square \div 2 = 10$
2. $\square \div 3 = 5$
3. $8 \div \square = 4$
4. $40 \div \square = 8$
5. $\square \div 3 = 3$
6. $12 \div \square = 6$
7. $\square \div 5 = 4$
8. $16 \div \square = 4$
9. $\square \div 3 = 8$
10. $18 \div \square = 9$
11. $\square \div 5 = 3$
12. $24 \div \square = 6$
13. $\square \div 5 = 7$
14. $36 \div \square = 9$
15. $\square \div 3 = 7$

TEST 24 — Multiplication by 2, 3, 4, 5 and 10

A

1. 4 x 6 =
2. 10 x 7 =
3. 3 x 6 =
4. 2 x 8 =
5. 5 x 7 =
6. 10 x 6 =
7. 4 x 5 =
8. 3 x 8 =
9. 2 x 9 =
10. 5 x 5 =
11. 4 x 9 =
12. 10 x 8 =
13. 4 x 3 =
14. 5 x 4 =
15. 3 x 7 =

B

1. 4 x 2 =
2. 5 x 3 =
3. 10 x 9 =
4. 3 x 4 =
5. 2 x 7 =
6. 3 x 9 =
7. 10 x 5 =
8. 5 x 9 =
9. 4 x 7 =
10. 2 x 6 =
11. 5 x 8 =
12. 4 x 4 =
13. 5 x 6 =
14. 4 x 8 =
15. 10 x 10 =

TEST 25 — Multiplication by 2, 3, 4, 5 and 10

1. 4 x 2 =
2. 3 x 6 =
3. 2 x 8 =
4. 10 x 7 =
5. 5 x 4 =
6. 4 x 7 =
7. 3 x 4 =
8. 2 x 6 =
9. 10 x 9 =
10. 5 x 4 =
11. 5 x 7 =
12. 10 x 6 =
13. 3 x 8 =
14. 2 x 9 =
15. 5 x 5 =
16. 4 x 4 =
17. 3 x 7 =
18. 4 x 6 =
19. 10 x 5 =
20. 3 x 4 =
21. 5 x 8 =
22. 4 x 4 =
23. 3 x 9 =
24. 10 x 8 =
25. 5 x 9 =
26. 4 x 9 =
27. 2 x 7 =
28. 4 x 8 =
29. 5 x 6 =
30. 10 x 10 =

TEST 26 — Multiplication by 2, 3, 4, 5 and 10

Find the missing numbers.

A

1. $4 \times \square = 8$
2. $\square \times 9 = 90$
3. $\square \times 3 = 15$
4. $\square \times 7 = 14$
5. $4 \times \square = 16$
6. $\square \times 6 = 12$
7. $\square \times 3 = 12$
8. $5 \times \square = 40$
9. $\square \times 10 = 30$
10. $3 \times \square = 27$
11. $4 \times \square = 28$
12. $5 \times \square = 45$
13. $\square \times 8 = 32$
14. $5 \times \square = 30$
15. $10 \times \square = 100$

B

1. $4 \times \square = 12$
2. $2 \times \square = 16$
3. $10 \times \square = 70$
4. $\square \times 7 = 35$
5. $3 \times \square = 18$
6. $\square \times 5 = 20$
7. $2 \times \square = 18$
8. $4 \times \square = 24$
9. $\square \times 6 = 60$
10. $3 \times \square = 24$
11. $5 \times \square = 20$
12. $\square \times 7 = 21$
13. $5 \times \square = 25$
14. $4 \times \square = 36$
15. $10 \times \square = 80$

TEST 27 — Mixed examples

A

1. 5 + 7 =
2. 4 x 8 =
3. 14 − 9 =
4. 28 ÷ 4 =
5. 9 + 6 =
6. 13 − 7 =
7. 3 x 9 =
8. 35 ÷ 5 =
9. 5 x 9 =
10. 16 − 9 =
11. 7 + 8 =
12. 4 + 13 =
13. 10 x 9 =
14. 27 ÷ 3 =
15. 20 − 7 =

B

1. 4 + 8 =
2. 3 x 7 =
3. 13 − 9 =
4. 36 ÷ 4 =
5. 5 + 7 =
6. 20 − 8 =
7. 2 x 9 =
8. 45 ÷ 5 =
9. 4 x 7 =
10. 15 − 8 =
11. 6 + 11 =
12. 24 ÷ 3 =
13. 10 x 10 =
14. 80 ÷ 10 =
15. 17 − 8 =

TEST 28 — Mixed examples

1. 4 + 8 =
2. 4 x 7 =
3. 14 − 7 =
4. 21 ÷ 3 =
5. 11 + 9 =
6. 3 x 9 =
7. 32 ÷ 4 =
8. 16 − 9 =
9. 4 x 10 =
10. 8 + 7 =
11. 18 ÷ 2 =
12. 5 + 12 =
13. 13 − 8 =
14. 3 x 8 =
15. 15 − 6 =
16. 5 + 7 =
17. 36 ÷ 4 =
18. 18 − 9 =
19. 3 x 7 =
20. 6 + 9 =
21. 12 − 6 =
22. 24 ÷ 3 =
23. 4 x 8 =
24. 9 + 9 =
25. 17 − 8 =
26. 50 ÷ 10 =
27. 5 + 6 =
28. 2 x 9 =
29. 45 ÷ 5 =
30. 5 x 5 =

TEST 29 — Mixed examples

Find the missing numbers.

A

1. $6 + \square = 13$
2. $5 \times \square = 25$
3. $\square + 9 = 15$
4. $12 - \square = 7$
5. $32 \div \square = 8$
6. $\square \times 7 = 28$
7. $\square \div 2 = 9$
8. $7 + \square = 16$
9. $\square \times 8 = 24$
10. $18 - \square = 11$
11. $\square \div 3 = 7$
12. $10 \times \square = 80$
13. $\square - 9 = 7$
14. $45 \div \square = 9$
15. $\square + 4 = 12$

B

1. $7 + \square = 14$
2. $\square \times 6 = 24$
3. $15 - \square = 8$
4. $\square \div 4 = 9$
5. $\square + 6 = 12$
6. $5 \times \square = 35$
7. $16 \div \square = 8$
8. $4 + \square = 13$
9. $\square - 7 = 8$
10. $2 \times \square = 16$
11. $24 \div \square = 8$
12. $3 \times \square = 21$
13. $17 - \square = 9$
14. $\square + 8 = 15$
15. $\square \div 5 = 8$

TEST 30 Mixed examples

1. How many legs have 6  ?
2. Mike saves £7 and Jabeen saves £9. How much have they saved between them?
3. What is the difference between 7 and 4?
4. Sarah has 9 plant pots. She plants 4 bulbs in each. How many bulbs has she planted?
5. Apples are put in packs of three. How many packs can be made with 27 apples?
6. A crate holds 16 bottles of milk. Nine children take a bottle each. How many are left?
7. How many threes make twenty-seven?
8. What is the product of 7 and 4?
9. Class 4B has 28 childen in it. The teacher divides them into 4 equal teams. How many children in each team?
10. What number is 6 more than 13?
11. Subtract 6 from 17.
12. Joe buys 4 packets of sweets. There are 8 sweets in a packet. How many sweets has he got altogether?
13. What is the sum of 7 and 4?
14. Jordan saves 45p in 5p coins. How many coins has he?
15. Kerry has 16 sweets. She eats 7. How many does she have left?

TEST 31 — Use of brackets

Remember, do the part of the sum in brackets first.

A

1. (4 + 1) x 5 =
2. (7 − 3) x 10 =
3. (12 ÷ 3) + 5 =
4. (3 + 2) x 4 =
5. 4 + (3 x 3) =
6. 8 − (3 x 2) =
7. 14 ÷ (5 + 2) =
8. 3 x (8 − 5) =
9. (12 ÷ 3) x 4 =
10. (5 x 4) − 9 =
11. (15 − 9) ÷ 3 =
12. (5 + 13) ÷ 2 =
13. 20 − (5 x 4) =
14. (10 ÷ 5) ÷ 2 =
15. 3 x (21 ÷ 3) =

B

1. (3 + 2) x 10 =
2. (16 ÷ 4) + 3 =
3. 7 + (2 x 4) =
4. 9 − (2 x 4) =
5. (3 x 3) + 5 =
6. 3 x (3 + 5) =
7. 20 − (16 ÷ 2) =
8. (15 ÷ 3) + 4 =
9. (6 − 2) x 4 =
10. (16 ÷ 4) ÷ 4 =
11. (2 x 5) − 4 =
12. 2 x (24 ÷ 3) =
13. (7 − 3) x 5 =
14. 20 − (15 ÷ 3) =
15. 18 ÷ (3 x 3) =

Rounding to the nearest 10 and 100

Use this number line to help you.

```
0  100  200  300  400  500  600  700  800  900  1000
```

A

Round to the nearest 10.

1. 76
2. 41
3. 83
4. 67
5. 142
6. 155
7. 97
8. 598

Round to the nearest 100.

9. 812
10. 470
11. 634
12. 108
13. 350
14. 564
15. 987

B

Round to the nearest 10.

1. 41
2. 58
3. 92
4. 87
5. 25
6. 84
7. 96
8. 7

Round to the nearest 100.

9. 614
10. 494
11. 807
12. 870
13. 450
14. 96
15. 960

Rounding to the nearest 1000

**Round these numbers to the nearest 1000.
Use this number line to help you.**

0 1000 2000 3000 4000 5000 6000 7000 8000 9000 10 000

A

1. 9200
2. 6800
3. 4500
4. 4070
5. 4007
6. 4700
7. 1830
8. 1083
9. 1803
10. 3564
11. 6993
12. 4009
13. 4111
14. 5537
15. 8080

B

1. 7300
2. 4700
3. 6500
4. 6080
5. 6008
6. 6800
7. 2640
8. 1903
9. 1309
10. 5500
11. 7007
12. 7070
13. 7549
14. 9499
15. 5005

TEST 34 Patterns

What is the next number in the sequence?

1. 13 14 15 16
2. 24 25 26 27
3. 89 88 87 86
4. 41 44 47 50
5. 76 74 72 70

What is the next shape in the sequence?

6. □ □ △ □ □ △ □ □ △
7. □ ○ □ □ ○ □ □ ○
8. ○ □ ○ ○ □ □ ○ ○
9. ○ □ △ ○ □ △ ○ □ △
10. □ △ □ □ △ □ □ △

What are the next two numbers in the sequence?

11. 4 3 3 3 4 3 3 3 4 3 3 3 4 3
12. 1 0 1 0 0 1 0 0 0 1 0 0 0 0
13. 1 1 2 1 2 3 1 2 3 4 1 2 3 4
14. 4 2 2 5 2 2 6 2 2 7 2 2 8 2
15. 3 4 4 5 5 5 6 6 6 6 7 7 7 7

TEST 35 Patterns

What is the next number in the sequence?

1. 35 36 37 38
2. 57 56 55 54
3. 21 23 25 27
4. 17 20 23 26
5. 86 84 82 80

What is the next shape in the sequence?

6. △ □ □ △ □ □ △ □ □
7. ○ □ ○ ○ □ ○ ○ □ □
8. △ □ △ △ □ △ △ △
9. □ △ ○ □ △ ○ □ △ ○
10. ○ □ ○ ○ □ □ ○ ○ □

What are the next two numbers in the sequence?

11. 8 0 0 8 0 0 8 0 0 8 0 0 8 0
12. 4 1 4 1 1 4 1 1 1 4 1 1 1 1
13. 3 2 2 4 2 2 5 2 2 6 2 2 7 2
14. 5 5 6 5 6 7 5 6 7 8 5 6 7 8
15. 4 5 5 6 6 6 7 7 7 7 8 8 8 8

TEST 36 — Recognising fractions, largest denominator 4

1 Which shape has one-half shaded?

(a) 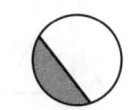   (b) 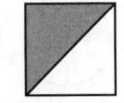   (c) 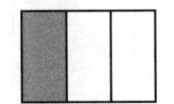   (d)

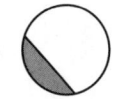

2 Which shape has one-quarter shaded?

(a) 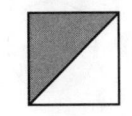   (b) 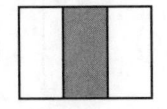   (c) 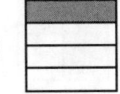   (d)

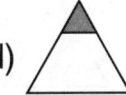

3 Which shape has one-third shaded?

(a) 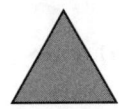   (b) 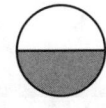   (c) 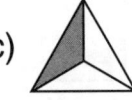   (d)

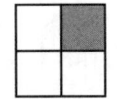

What fraction of each shape is shaded?

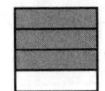

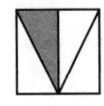

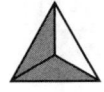

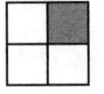

4   6   8   10

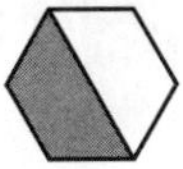

5   7   9   11

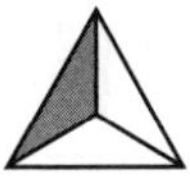

12 How many is one-half of these sweets?

13 How many is one-quarter of these sweets?

14 How many is one-third of these sweets?

15 How many is two-thirds of these sweets?

TEST 37 — Recognising fractions, largest denominator 4

1 Which shape has one-half shaded?
(a) 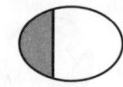   (b) 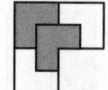   (c) 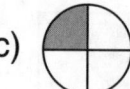   (d)

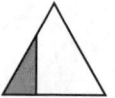

2 Which shape has one-quarter shaded?
(a) 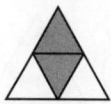   (b) 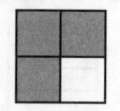   (c) 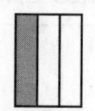   (d)

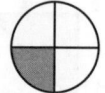

3 Which shape has one-third shaded?
(a) 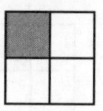   (b) 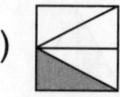   (c) 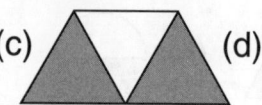   (d)

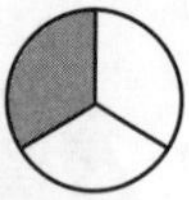

What fraction of each shape is shaded?

4   6   8   10

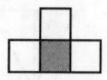

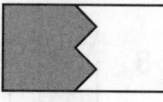

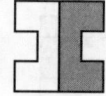

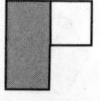

5 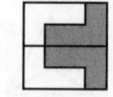   7   9   11

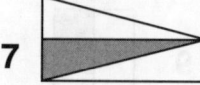

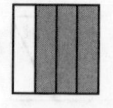

---

12 How many is one-half of these books?

13 How many is one-quarter of these books?

14 How many is one-third of these books?

15 How many is two-thirds of these books?

TEST 38

Addition involving 8 and 9

A

1. 16 + 9 =
2. 37 + 9 =
3. 46 + 19 =
4. 57 + 29 =
5. 34 + 8 =
6. 67 + 8 =
7. 36 + 38 =
8. 45 + 28 =
9. 49 + 49 =
10. 38 + 38 =
11. 48 + 39 =
12. 39 + 58 =
13. 48 + 36 =
14. 59 + 14 =
15. 18 + 28 =

B

1. 15 + 9 =
2. 48 + 9 =
3. 36 + 19 =
4. 37 + 39 =
5. 25 + 8 =
6. 57 + 8 =
7. 46 + 48 =
8. 17 + 28 =
9. 39 + 39 =
10. 18 + 18 =
11. 38 + 29 =
12. 69 + 18 =
13. 39 + 36 =
14. 58 + 26 =
15. 28 + 38 =

TEST 39 — Subtraction involving 8 and 9

A

1. 42 − 9 =
2. 37 − 9 =
3. 63 − 9 =
4. 45 − 29 =
5. 26 − 19 =
6. 66 − 39 =
7. 47 − 8 =
8. 56 − 8 =
9. 73 − 8 =
10. 36 − 18 =
11. 45 − 28 =
12. 64 − 38 =
13. 89 − 28 =
14. 68 − 39 =
15. 50 − 29 =

B

1. 53 − 9 =
2. 64 − 9 =
3. 57 − 9 =
4. 47 − 29 =
5. 63 − 39 =
6. 77 − 19 =
7. 52 − 8 =
8. 71 − 8 =
9. 87 − 8 =
10. 45 − 28 =
11. 76 − 48 =
12. 37 − 18 =
13. 49 − 28 =
14. 58 − 29 =
15. 70 − 49 =

TEST 40 — Mixed addition and subtraction involving 8 and 9

A

1. 45 + 9 =
2. 47 − 9 =
3. 57 + 8 =
4. 63 − 8 =
5. 72 + 19 =
6. 64 + 8 =
7. 62 − 29 =
8. 57 − 38 =
9. 80 − 39 =
10. 69 − 28 =
11. 39 + 28 =
12. 53 + 39 =
13. 61 + 39 =
14. 38 + 27 =
15. 68 + 32 =

B

1. 37 + 9 =
2. 26 + 9 =
3. 54 + 8 =
4. 67 + 28 =
5. 54 − 18 =
6. 72 − 39 =
7. 38 + 38 =
8. 53 − 28 =
9. 61 − 38 =
10. 87 − 29 =
11. 49 + 49 =
12. 37 − 18 =
13. 51 + 39 =
14. 78 + 22 =
15. 78 − 59 =

TEST 41 — Divisibility by 2, 5 and 10. Odd and even numbers

1. Is **37** an even number?
2. Is **336** an even number?
3. Is **85** an odd number?
4. Is **4683** an odd number?
5. Will **315** divide exactly by **2**?
6. Will **315** divide exactly by **5**?
7. Will **315** divide exactly by **10**?
8. Is **33338** an even number?
9. Which of these numbers has a remainder when divided by **5**?   45   60   24   700
10. Which of these numbers has a remainder when divided by **2**?   48   94   400   57
11. Which of these numbers has a remainder when divided by **10**?   40   70   2002   600
12. Which of these numbers will divide exactly by both **2** and **5**?   35   72   80   905
13. Which of these numbers will divide exactly by both **5** and **10**?   75   72   815   70
14. Which of these numbers will divide exactly by both **2** and **10**?   63   45   60   46
15. Which of these numbers will divide exactly by each of **2, 5** and **10**?   42   65   85   30

TEST 42 — Divisibility by 2, 3, 5 and 10. Odd and even numbers

1. Is **46** an even number?
2. Is **467** an even number?
3. Is **47** an odd number?
4. Is **643** an odd number?
5. Will **135** divide exactly by **2**?
6. Will **135** divide exactly by **3**?
7. Will **135** divide exactly by **5**?
8. Will **135** divide exactly by **10**?
9. Which of these numbers has a remainder when divided by **2**?   36   778   56   63
10. Which of these numbers has a remainder when divided by **3**?   42   612   313   246
11. Which of these numbers has a remainder when divided by **5**?   505   80   345   543
12. Which of these numbers will divide exactly by both **2** and **3**?   63   214   135   234
13. Which of these numbers will divide exactly by both **3** and **5**?   213   335   435   325
14. Which of these numbers will divide exactly by both **2** and **5**?   412   554   224   80
15. Which of these numbers will divide exactly by each of **2**, **3** and **5**?   42   360   45   70

TEST 43 — Mixed examples

1. John is 9, his father is 45. What is the difference in their ages?
2. A classroom has 8 tables, 4 children sit at each table. How many children are there in the classroom?
3. Class 4C has 32 children, they are divided into 4 equal teams. How many children are there in each team?
4. What is 36 add 9?
5. A milkman leaves 3 pints of milk at a house every day. How many pints does he leave in a week?
6. If a pie is cut into thirds, how many pieces will there be?
7. If an apple is cut into quarters, how many pieces will there be?
8. Mrs Jones used 30 litres of petrol going to work over 5 days. How much does she use each day?
9. Harriot is 9 years old. Nicola is 8 years older. How old is Nicola?
10. Find the sum of 4, 8 and 7.
11. Write in figures the number five thousand and forty-six.
12. What is nine multiplied by three?
13. Football stickers are sold in packs of 4. How many packs could be made with 36 stickers?
14. What is 37p take away 19p?
15. A chew costs 3p. How many could you buy with 25p?

TEST 44 — Addition and subtraction with negative numbers

Use this number line to help you.

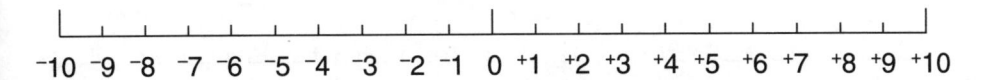

$^-10\ ^-9\ ^-8\ ^-7\ ^-6\ ^-5\ ^-4\ ^-3\ ^-2\ ^-1\ 0\ ^+1\ ^+2\ ^+3\ ^+4\ ^+5\ ^+6\ ^+7\ ^+8\ ^+9\ ^+10$

A

1. $^+3 + 4 =$
2. $0 + 6 =$
3. $^+5 + 1 =$
4. $^+4 - 2 =$
5. $^-4 + 2 =$
6. $^+5 - 5 =$
7. $^-3 - 4 =$
8. $^+5 + 4 =$
9. $^+6 - 3 =$
10. $^-4 + 7 =$
11. $^-2 - 6 =$
12. $^+3 - 7 =$
13. $^+1 - 6 =$
14. $^-2 + 3 =$
15. $^-3 - 3 =$

B

1. $^+2 + 3 =$
2. $0 - 5 =$
3. $^+3 + 4 =$
4. $^+5 - 3 =$
5. $^-7 + 4 =$
6. $^-6 + 6 =$
7. $^-2 - 4 =$
8. $^+3 + 5 =$
9. $^+3 - 2 =$
10. $^-2 + 6 =$
11. $^-4 - 3 =$
12. $^+5 - 8 =$
13. $^+1 - 7 =$
14. $^-8 + 9 =$
15. $^-5 - 5 =$

TEST 45 — Addition and subtraction with negative numbers

Use this number line to help you.

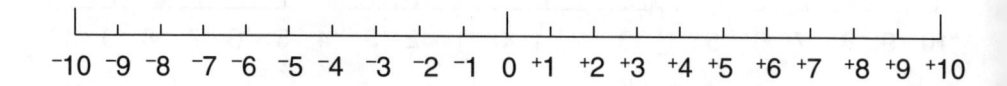

⁻10 ⁻9 ⁻8 ⁻7 ⁻6 ⁻5 ⁻4 ⁻3 ⁻2 ⁻1 0 ⁺1 ⁺2 ⁺3 ⁺4 ⁺5 ⁺6 ⁺7 ⁺8 ⁺9 ⁺10

1. ⁺2 + 5 =
2. ⁺3 + 4 =
3. ⁺5 − 3 =
4. ⁻5 − 4 =
5. ⁺6 − 2 =
6. ⁻3 − 4 =
7. ⁺1 − 5 =
8. ⁻4 − 4 =
9. 0 + 6 =
10. ⁺3 + 3 =
11. ⁻5 + 5 =
12. ⁺7 − 6 =
13. ⁻3 + 7 =
14. ⁺4 − 6 =
15. ⁻7 + 8 =
16. 0 − 4 =
17. ⁺5 − 1 =
18. ⁻5 + 3 =
19. ⁺6 + 3 =
20. ⁻7 + 9 =
21. ⁺2 − 8 =
22. ⁻3 + 4 =
23. ⁺3 + 4 =
24. ⁺5 − 2 =
25. ⁻7 + 3 =
26. ⁻3 − 5 =
27. ⁻5 − 3 =
28. ⁻5 + 0 =
29. ⁺2 − 7 =
30. ⁻3 + 3 =